Bibliografische Information der Deutschen Nationalbibliothek:

Die Deutsche Bibliothek verzeichnet diese Publikation in der Deutschen National-
bibliografie; detaillierte bibliografische Daten sind im Internet über http://dnb.d-
nb.de/ abrufbar.

Impressum:

Copyright © 2016 GRIN Verlag, Open Publishing GmbH
Druck und Bindung: Books on Demand GmbH, Norderstedt Germany
ISBN: 9783668336094

Dieses Buch bei GRIN:

http://www.grin.com/de/e-book/343266/die-cloud-welche-der-internen-it-applika-
tionen-eines-unternehmens-sind

Felix Mausberg

Die Cloud. Welche der internen IT-Applikationen eines Unternehmens sind cloudfähig?

GRIN Verlag

FOM – Fachhochschule für Oekonomie & Management

Essen

Berufsbegleitender Studiengang Wirtschaftsinformatik

4. Semester

Hausarbeit im Fach „IT-Infrastruktur"

Welche der internen IT-Applikationen eines Unternehmens sind cloudfähig?

Neuss, den 22.06.2016

INHALTSVERZEICHNIS

ABKÜRZUNGSVERZEICHNIS

BSI   Bundesamt für Sicherheit in der Informationstechnik

CRM   Customer-Relationship-Management

ERP   Enterprise-Resource-Planning

IdM   Identity-Management

IT   Information Technology

MS   Microsoft Office

NIST   National Institute of Standards and Technology

SRM   Supplier-Relationship-Management

SSO   Single Sign-On

URL   Uniform Resource Locator

ABBILDUNGSVERZEICHNIS

TABELLENVERZEICHNIS

1 CLOUDFÄHIGE IT-APPLIKATIONEN EINES UNTERNEHMENS

1.1 AKTUALITÄT DES THEMAS

Das Thema Cloud ist in den vergangen Jahren sowohl im privaten Bereich mit Angeboten wie Dropbox (nach Dropbox, o. D., Über uns) oder anderen Datei-Portalen wie YouTube, als auch im wirtschaftlichen Bereich in den Fokus der Öffentlichkeit gerückt. Die Anzahl der Unternehmen, die mit, auf einer Cloud basierenden Systemen arbeiten, ist, von 2011 bis 2014, um mehr als 50% gestiegen (nach STATISTA (Hrsg.), 2015a, Nutzung von Cloud Computing in Unternehmen in Deutschland in den Jahren 2011 bis 2014). 2014 griffen schon 65% deutscher Unternehmen, die mehr als 2.000 Mitarbeiter beschäftigten, auf Cloud-Dienste zurück (nach STATISTA (Hrsg.), 2015b, Nutzung von Cloud Computing in Unternehmen in Deutschland im Jahr 2014 nach Unternehmensgröße). Würde dieser Trend so anhalten, werden bald alle Applikationen und Dateien nicht mehr lokal sondern in einer Cloud gespeichert werden. Die Unternehmen arbeiten mit Hochdruck daran, ihre Daten und Applikationen in eine Cloud zu bringen. An dieser Stelle stellt sich jedoch die Frage, welche Applikationen eines Unternehmens sind überhaupt cloudfähig?

1.2 ZIELSETZUNG DER SEMINARARBEIT

Die Kernfrage dieser Hausarbeit lautet „Welche der internen IT-Applikationen eines Unternehmens sind cloudfähig?". Ziel ist es, den Begriff Cloudfähigkeit zu schärfen und einen Überblick über die Anforderungen zu bekommen, die zu erfüllen sind, damit eine bereits intern verwendete Information Technology (IT)-Applikation eines Unternehmens cloudfähig ist. Im Laufe der Arbeit entsteht somit ein Kriterienkatalog, an Hand dessen Applikationen auf Cloudfähigkeit geprüft werden können. Auf dieser Grundlage sollen anschließend die verschiedenen Applikationstypen, die in einem Unternehmen zum Einsatz kommen auf ihre Cloudfähigkeit geprüft werden. Mit dem Kriterienkatalog können im Anschluss auch weitere Applikationen oder Applikationstypen auf ihre Cloudfähigkeit untersucht werden.

1.3 AUFBAU DER SEMINARARBEIT

Die Seminararbeit besteht neben den Verzeichnissen und der Einleitung aus drei großen Teilen. Im ersten Teil werden die grundlegenden Begriffe erläutert, die notwendig sind, um der Argumentation der Arbeit folgen zu können. Es werden die Begriffe IT-Applikation und Cloud Computing definiert und die Applikationstypen, auf die sich diese Arbeit bezieht näher erläutert. Im Hauptteil wird untersucht, welche Bedingungen, sowohl aus technischer als auch aus unternehmerischer Perspektive, eine Applikation erfüllen muss, um cloudfähig zu sein. Anschließend werden die dargestellten klassischen IT-Applikationstypen an Hand der aufgestellten Kriterien auf ihre Cloudfähigkeit untersucht. Nachdem die Ergebnisse in einem abschließenden Fazit zusammengefasst werden, wird ein kurzer Ausblick über eine mögliche Zukunft der Rolle der Cloud in Unternehmen gegeben.

2 GRUNDLAGEN

2.1 APPLIKATIONEN

2.1.1 BEGRIFFSDEFINITION

Im Bereich der Software gibt es zwei Typen von Applikationen. Zum einen die System Software, wie bspw. das Betriebssystem oder die Firmware, zum anderen die Anwendungssoftware (engl. application software) (nach ITWissen, 2016, Anwendungsprogramm). Häufig wird an dieser Stelle noch die so genannte Middleware aufgeführt (vgl. MAHMOUD, 2004, S. 20 und RIEHM / ÖSTERLE / VOGLER, 1996, S. 18). Diese spielt aber bei der Definition von Anwendungssoftware keine Rolle, da sie aus hiesiger Betrachtungsweise die gleiche Aufgabe wie die Systemsoftware übernimmt. *„Anwendungssoftware ist der Oberbegriff für alle Programme, die den Benutzer in seiner Anwendung unterstützen.“*(ITWissen, 2016, Anwendungsprogramm). Die Anwendungssoftware liegt also auf der Systemsoftware (oder der Middleware) und stellt die softwaretechnische Schnittstelle zwischen Anwender und Computer dar. Unter Anwendungssoftware fällt sowohl anwendungsunabhängige Standardsoftware, wie Textverarbeitungs- und Tabellenkalkulationsprogramme, als auch branchenabhängige Software, wie bspw. Bauplanungssoftware oder ähnliches, als auch Individualsoftware, die für einen einzigen Anwenderkreis, meist ein Unternehmen individuell implementiert wurde.

2.1.2 KLASSISCHE IT-APPLIKATIONEN EINES UNTERNEHMENS

Um die klassischen IT-Applikationen eines Unternehmens zu identifizieren muss erst einmal definiert werden, was ein klassisches Unternehmen überhaupt ist. PORTER stellte 1994 die unternehmensinterne Wertschöpfungskette auf, die in zwei Bereiche unterteilt werden kann.

Wie in Abbildung 1 zu sehen, gibt es zum einen die Primäraktivitäten, die direkt an der Wertschöpfung, also bspw. an der Herstellung eines Produktes oder einer Dienstleistung beteiligt sind. Hierzu zählen bspw. Produktion, oder Vertrieb. Zum anderen gibt es die so genannten Unterstützungsaktivitäten, dies sind Aktivitäten, die wie der Name schon sagt die Primäraktivitäten unterstützen. Hierzu zählen bspw. die Personal- oder IT-Abteilungen.

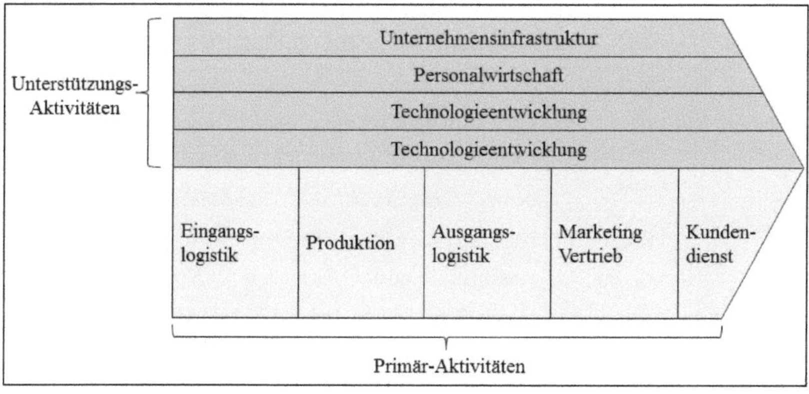

Quelle: Eigene Darstellung nach PORTER, 1994, S. 177

Abb. 1: generische Wertschöpfungskette nach PORTER

Wird also von dieser Wertschöpfungskette ausgegangen, so wird man in einem klassischen Unternehmen sehr wahrscheinlich nachfolgende Applikationen wiederfinden:

Applikation/ System/ Applikations-Paket	Funktion
Enterprise-Resource-Planning-System (ERP)	Ein ERP-System, dient der Planung und Verwaltung der Unternehmensressourcen wie Personal, Betriebsmittel, etc. sowie dem richtigen Einsatz eben dieser bspw. im Projektmanagement (nach GRAHAM / MANIKAS / FOLINAS, 2013, S. 148). Es ist als Basis-System des Unternehmens zu sehen und wird meist von mehreren Abteilungen genutzt, da es mehrere der nachfolgenden Applikationen oder Systeme vereint.
Supplier-Relationship-Management-System (SRM)	Ein SRM-System wird am Anfang der unternehmensinternen Wertschöpfungskette, also von der Eingangslogistik oder von der Unterstützungs-funktion Beschaffung, eingesetzt. Es dient der Verwaltung und dem Management der Lieferanten-

	beziehungen. Somit beinhaltet es vertrauliche Daten über die Lieferanten, wie Anschrift oder besondere Konditionen der Geschäftsbeziehung (nach GRAHAM / MANIKAS / FOLINAS, 2013, S. 148).
Customer-Relationship-Management-System (CRM)	Auf der anderen Seite der Wertschöpfungskette, also am Ende wird im Marketing, Vertrieb und Kundendienst ein CRM-System eingesetzt. Es dient der Verwaltung und dem Management der Kundenbeziehung. Somit beinhaltet es vertrauliche Daten über die Kunden, wie Anschrift oder besondere Konditionen der Geschäftsbeziehung (nach GRAHAM / MANIKAS / FOLINAS, 2013, S. 148).
Buchhaltungssoftware	Die Buchhaltungssoftware ist ein Unterstützungsinstrument für die Buchhaltungsabteilung eines Unternehmens. Sie kann je nach Funktion verschiedene Bereiche der Buchhaltung wie bspw. Die Kreditoren- und Debitorenbuchhaltung softwaretechnisch abbilden und erleichtert so das Arbeiten mit und Verwalten der Konten eines Unternehmens.
Bewerber-Management-Tool	Unternehmen wollen "das Bewerber-Management sowie das Einstellungsverfahren automatisieren" (NIEMANN, 2007, www.computerwoche.de). Hierfür wird meist ein Bewerber-Management-Tool eingesetzt, welches digitale Bewerbungen über das Internet annimmt und den gesamten Bewerbungsprozess für das Unternehmen durch Strukturierung und Standardisierung vereinfacht.
Bürosoftware (Microsoft Office (MS), Open Office, etc.)	Office-Software ist eine Sammlung von Applikationen die im täglichen Geschäft eines Mitarbeiters verwendet wird ums bspw. Briefe aufzusetzen, zu rechnen, oder Präsentationen zu erstellen. Das in Deutschland bekannteste und meist verbreitete Office-Paket (nach Statista (Hrsg.), 2016, Verbreitung von Office-Software bei Internetnutzern in Deutschland

	im Januar 2010) ist das, von MS Office und deckt neben den oben genannten Funktionen auch noch weitere Punkte, wie Kommunikation mit Kollegen und Partnern, Teilen von Dokumenten, Datenbanksystemen und vielem mehr ab.
Kleine Standardsoftware	Kleine Standardsoftware wie ein einfacher Rechner, Applikationen zur Aufnahme des Bildschirms, etc. sind auf nahezu allen Endgeräten im Kauf mit enthalten.

Tab. 1: klassische IT-Applikationen eines Unternehmens

2.2 CLOUD COMPUTING

2.2.1 BEGRIFFSDEFINITION

Mit der Erfindung der ersten Computer war es, auf Grund der eingeschränkten Möglichkeiten der Datenübertragung, gegeben, dass bei einem lauffähigen Computer der Speicher, die Central Processing Unit (CPU) und die Eingabe- und Ausgabekomponenten physisch miteinander verbunden waren (nach RICHTER, 2004, S. 17). Die Datenübertragung verlief über Kabel, die die einzelnen Komponenten miteinander verband. Hieraus resultiert die physische Verbundenheit. Mit dem Aufkommen nicht physikalischer Übertragungsmedien, wie das Wireless Local Area Network (WLAN) oder Bluetooth, ergab sich die Möglichkeit, Geräte ohne physikalische Verbindung in Form von Kabeln kommunizieren zu lassen. Diese nicht physischen Übertragungsmedien sind mit dem menschlichen Auge nicht zu erfassen und geben keinen Hinweis auf den tatsächlichen Ablageort der Daten. Es scheint, als würden die Daten in einer Wolke liegen, auf die über die Übertragungsmedien zugegriffen werden kann. Hieraus resultiert der englische Begriff Cloud (nach FOWLER / WORTHEN, 2009, The Internet Industry Is on a Cloud -- Whatever That May Mean). Wurde die Cloud anfangs noch verwendet, um den Speicher verschiedener Geräte zentral und gemeinsam zu verwalten, so besteht heutzutage die Möglichkeit, ganze Programme in eine Cloud zu verschieben und diese von verschiedenen Arbeitsplätzen aus zu nutzen.

2.2.2 KRITERIEN DES CLOUD COMMPUTING

Das National Institute of Standards and Technology (NIST) definiert die fünf essentiellen Eigenschaften eines Cloud Services nach dem Bundesamt für Sicherheit in der Informationstechnik (BSI) folgendermaßen:

Eigenschaften	Erläuterung
On-demand Self Service	Die Bereitstellung der vereinbarten Services wird bei Bedarf, ohne den Betreiber als Menschen (nach DEUSSEN / STRICK / PETERS, 2010, S. 15) jedes Mal einzubinden, durchgeführt.
Broad Network Access	Die Services sind über verschiedenste Clients erreichbar, da sie nach Standards und Endgeräte unabhängig funktionieren.
Resource Pooling	Für den Anwender ist es nicht ersichtlich wo die Ressourcen geographisch liegen, auf die er gerade zugreift. Der Anbieter verwaltet alle Ressourcen der Anwender in einem Pool, die nach Bedarf auf seine Rechenzentren, Server etc. verteilt werden.
Rapid Elasticity	Die Cloud ist skalierbar. Das heißt die Services werden dem Anwender jederzeit und unabhängig der Nachfrage zur Verfügung gestellt. Wachsende Datenvolumina oder erhöhte Zugriffsfrequenz beeinträchtigen das System nicht, da diese Fälle von den Ressourcen des Anbieters abgefangen werden.
Measured Services	Die bezieht sich auf das Reporting. Die Ressourcennutzung kann auf Seiten des Anbieters Anwenderspezifisch kontrolliert werden.

Quelle: nach MELL, GRANCE 2011, S. 2 und BSI (o.D), Was ist Cloud Computing?

Tab. 2: essentielle Eigenschaften einer Cloud

3 UNTERSUCHUNG

3.1 CLOUDFÄHIGKEIT

3.1.1 SICHERHEIT

Der am häufigsten genannte Aspekt, der beim Thema Cloud Commputing aufkommt, (nach CAPGEMINI, 2016, Motive für den Aufbau der eigenen Cloud verändern sich) ist der der Sicherheit. Hier geht es hauptsächlich um zwei Aspekte. Zum einen, um die direkte Frage, „Wie sicher sind die jeweiligen Cloudanbieter tatsächlich?" und zum anderen darum, welche gesetzlichen Vorgaben und vertraglichen Vereinbarungen ein Unternehmen binden, vertragliche oder personenbezogene Daten unternehmensintern oder landesintern zu halten. Viele Cloudanbieter haben durch den in Kapitel 2.2 genannten Punkt „Resource Pooling" ihre Rechenzentren auf der Welt in unterschiedlichen Ländern und teilweise sogar auf unterschiedlichen Kontinenten stehen. Es ist also bei einer Verlagerung einer IT-Applikation in die Cloud darauf zu achten, dass die Daten, die diese Applikation verarbeitet oder erzeugt oder auf die sie zurückgreift die Unternehmensnetzgrenze oder sogar die Landesgrenze verlassen dürfen.

Hierrüber hinaus ist ein weiterer Aspekt, dass die Anwender einer Cloud durch den oben genannten Punkt nicht einmal wissen wo die Daten gerade physikalisch liegen. Sie haben also nicht mehr die Oberhand über die Lagerung der Daten.

3.1.2 IDENTITY MANAGEMENT

Die Verlagerung von IT-Applikationen eines Unternehmens in eine Cloud bedeutet, dass mehrere Mitarbeiter zeitgleich auf diese Applikation zugreifen können. NIST benennt an dieser Stelle die Eigenschaft „*Broad Network Access*" (nach MELL / GRANCE, 2011, S. 2). Hierfür muss es ein geeignetes Identity-Management (IdM) geben. Das IdM überprüft, ob der User, der die Applikation nutzen möchte berechtigt ist und welche Rechte er genau hat. Bisher konzentrierten sich die klassischen einfachen IdM-Modelle auf interne Unternehmensnetze und fragten meist nach Usernamen bspw. Identifikationsnummern (ID), oder Namenskürzeln in Verbindung mit Passwörtern.

Im Zuge des Cloud Commputing werden neue Anforderungen an IdM-Systeme gestellt. Die Unternehmensdaten liegen nun im Internet und können nicht nur aus dem

Unternehmensnetzwerk heraus angefragt werden. Dies ist teilweise schon im Rahmen der Home-Office Arbeit mit dem MS Produkt Office365 (nach Microsoft (Hrsg.), 2016, Holen Sie sich das sicherste Office aller Zeiten für Ihr Unternehmen) aufgegriffen worden. Die bisher, im Unternehmensnetzwerk intern eingesetzten IdM-Lösungen sind mit diesen Anforderungen schnell überfordert, *„da sie auf Technologien basieren, die Passwort-geschützte Benutzerkonten, Single-Sign-On [(SSO)], Federation, Provisioning und De-Provisioning nur in einem exakt definierten Unternehmensnetzwerk ermöglichen."* (HEISEN 2011, www.computerwoche.de).

Das Problem des passwortgeschützten user accounts wurde im vorherigen Abschnitt bereits erläutert. Viele Applikationen nutzen das Prinzip des SSO, hierbei meldet sich ein User einmalig an einem Arbeitsplatz oder einer Website mit seinen Zugangsdaten an. Fortan kann er auf diesen Arbeitsplatz, dieser Website ohne Eingabe der Zugangsdaten zugreifen (nach STRECKER, 2010, S.4). Die Website merkt sich bspw. die IP-Adresse des Endgerätes, über das der User die Website aufruft und gibt beim zweiten Zugriff den Inhalt der Seite/der Applikation automatisch frei. Im Falle der Verlagerung interner IT-Applikationen in die Cloud ist dieses Vorgehen zu hinterfragen, da es erhebliche Sicherheitslücken mit sich bringt.

Auch die Technologien Federation, Provisioning und De Provisioning, die die Benutzerkonten der User verwalten, erstellen und löschen (nach BALAS / FODOR / VARKONYI-KOCZY, 2013, S. 186) können nicht verwendet werden. Bisher waren diese auf unternehmensinterne Netze beschränkt und haben nur auf dort liegende Datenbanken zurückgegriffen. Diese Technologien müssen, um in einer Cloud funktionieren zu können, deutlich ausgebaut oder sogar komplett erneuert werden.

Sollte das bisherige IdM einer Applikation, also SSO, Federation, Provisioning und De Provisioning auf Basis eines Unternehmensnetzes und unternehmensinterner Datenbanken laufen, so ist es notwendig, vor einer Verschiebung in die Cloud ein cloudfähiges IdM-System aufzusetzen. Für die Umsetzung prognostiziert HEISEN (2011, Identity Management in der Cloud) durchschnittlich eineinhalb bis zwei Jahre.

3.1.3 SKALIERBARKEIT

Ein wichtiger Faktor für die Cloudfähigkeit einer IT-Applikation ist die Skalierbarkeit der Anwendung (nach MELL / GRANCE, 2011, S. 2).

„Skalierbarkeit beschreibt das Verhalten eines IT-Systems bei steigender Last (z. B. durch vermehrte gleichzeitige Zugriffe) oder bei einer Veränderung der ihm zur Verfügung stehenden Hardware-Ressourcen (z.B. Anzahl der Server, Prozessorleistung, Hauptspeicher.)“ (KROL, 2010, S. 206). Es geht also darum, wie sich eine Applikation verhält wenn plötzlich die Anzahl der Aufrufe in einem bestimmten Zeitraum steigt/sinkt und/oder Ressourcen hinzu- oder weggenommen werden. Im Rahmen des Cloud Commputing ist dies ein wichtiges Thema, da die Applikationen, zumindest bis zur Authentifizierung durch den Benutzer über das Internet durch jedes Endgerät, das eine Verbindung zum Internet hat, erreicht und aufgerufen werden kann. Diese Anzahl ist schwer prognostizierbar und vor allem stark schwankend und nach oben hin offen. Für Applikationen in einem Unternehmensnetzwerk konnte man die Anzahl der Zugriffe voraussagen: diese überschritt nie die Anzahl der angelegten User. Und auch hier konnte man die maximale Anzahl senken, indem man Zugriffsberechtigungen auf die Applikation einschränkte. Es war prognostizierbar, wer und teilweise auch wann, auf welche Applikationen zugreifen konnte. Dies ist nach einer Verschiebung in die Cloud nicht mehr möglich, da nun jeder über die Uniform Resource Locator (URL)-Adresse auf die Applikation zugreifen kann.

Applikationen müssen also, wenn sie cloudfähig sein sollen, auf plötzliche Lastveränderungen angemessen reagieren können. Sie müssen in der Lage sein, diese durch Inanspruchnahme zusätzlicher Ressourcen wie Server oder durch Einsatz von Lastverteilern managen zu können.

3.1.4 DATENBANKVERBINDUNG

Die Eigenschaft *„Resource Pooling“* (nach MELL / GRANCE, 2011, S. 2) einer Cloud sagt aus, dass dem Anwender nicht bewusst ist, wo seine Daten gerade liegen. Die Daten weiden, um Datenverlust vorzubeugen redundant auf mehreren Servern in verschiedenen Rechenzentren gehalten. Eine Applikation, die auf diese Daten zugreifen will, muss in der Lage sein, dynamisch die Verbindung zu der Datenbank zu wechseln, die gerade aktiv die Daten verwaltet. Viele bisher nur lokal installierte Applikationen greifen auf festgelegte Verbindungen zurück die auf einen absoluten statischen Datenpool verweisen.

3.2 CLOUDFÄHIGE APPLIKATIONEN

3.2.1 PROBLEME BEI DER BEURTEILUNG

Wie in Kapitel 1.3 bereits beschrieben, soll nun erarbeitet werden, welche Applikationen eines Unternehmens cloudfähig sind. Die in Kapitel „Klassische IT-Applikationen eines Unternehmens" (2.1.2) erläuterten Softwareanwendungen werden also nun auf die Kriterien der Cloudfähigkeit (Kapitel 3.1) geprüft. Der Erste systematische Schritt wäre nun, die Kategorie der Softwareapplikation ERP-System auf den Aspekt der Sicherheit hin zu überprüfen. Schon hier fällt auf, dass es nicht möglich ist, zu bestimmen, ob das generelle ERP-System Daten verwaltet, die die Landes-, Bundes- oder Staatsgrenzen nicht verlassen dürfen. Es ist nicht möglich zu sagen, ob ein ERP-System Daten beinhaltet, die der Besitzer, also der Unternehmer, nicht aus der Hand geben darf, wie es in Kapitel 3.1.1 erläutert wurde. Auch bei den anderen IT-Applikationen eines durchschnittlichen Unternehmens ist es nicht möglich generalisierte Aussagen über eine Applikationsart zu treffen. Jede einzelne Software muss für sich auf die Bedingungen der Cloudfähigkeit überprüft werden. Hierzu ist eine genaue Analyse der Funktionsweise der Applikation notwendig. Es müssen sowohl Schnittstellen, als auch die Handhabung der Daten, als auch das IdM der einzelnen Applikation untersucht werden.

Das gleiche Problem lässt sich auch in den anderen Kriterien wiederfinden. Eine allgemein gültige Aussage, dass alle Applikationen einer Kategorie bspw. eine gewisse Skalierbarkeit aufweisen, ist nicht zu treffen.

3.2.2 BEANTWORTUNG DER KERNFRAGE

Trotz der genannten Problematiken ist es möglich, die Kernfrage der Arbeit in gewisser Weise zu beantworten. Vereinfacht würde diese lauten: Alle IT-Applikationen sind cloudfähig, die den genannte Ansprüchen genügen. Um diese Aussage zu spezifizieren werden nun einige Beispiele genannt:

In dem Fall, in dem komplexe Basissysteme, also Systeme die lange und viele Prozesse auf simple und effiziente Art unterstützen, eingesetzt werden, ist es laut DUECK (nach FREIMARK 2012, Programme Cloud-fähig machen ist immens aufwändig) ein „*immenser Aufwand*" (FREIMARK, 2012, Programme Cloud-fähig machen ist immens aufwändig) diese cloudfähig zu machen. Es scheint also einen Zusammenhang zwischen der Komplexität einer Applikation und dem Prozess, sie cloudfähig zu gestalten, zu geben. Das Beratungshaus Capgemini führt auf seiner Website fünf Möglichkeiten auf Anwendungen in die Cloud zu bringen und schreibt hierbei: *„Legacy-Anwendungen müssen in der Regel umgeschrieben werden, um sie cloudfähig zu machen"* (CAPONE, 2014, 5 Methoden, um Anwendungen in die Cloud zu bringen). Diese alten und mit der Zeit immer weiter gewachsenen Anwendungen, die meist über die Jahre modifiziert und erweitert wurden, werden hier als nicht cloudfähig bezeichnet.

Es ist also möglich, generelle Aussagen über die Cloudfähigkeit von Applikationen auf Grund ihren Alters und ihrer Komplexität zu treffen. Generell kann man sagen, dass durch eine kombinierte Betrachtung von Alter und Komplexität, eine Aussage über die Cloudfähigkeit dieser Applikation zulässt. Alte und komplexe Applikationen, die im Laufe der Jahre erweitert wurden sind somit eher cloudunfähig, wohingegen moderne Applikationen, die vielleicht sogar mit dem Gedanken, sie einmal in die Cloud zu bringen implementiert wurden, eine deutlich höhere Cloudfähigkeit aufweisen. Beispiele für die erste Kategorie sind die großen Systeme wie das ERP-, das CRM- oder das SRM-System eines Unternehmens. Diese monolithischen Applikationen (nach BÜST, 2015, www.crisp-research.com) wurden vor Jahren entwickelt und erinnern von der Applikationsarchitektur her, an einen einzelnen *„großen massiven Stein"*(BÜST, 2015, www.crisp-research.com). Moderne und nicht so komplexe Software wir bspw. die Bürosoftware Office365 von Microsoft sind sogar extra für die Cloud geschaffen.

Als weiteres Beispiele für alte und historisch bedingt komplexe Arten von Applikationen nennt FREIMARK (2012, Programme Cloud-fähig machen ist immens aufwändig) hier die Basissysteme der Versicherungen. Der Trend bzgl. des Alters von Softwareprodukten geht aber in Richtung einer immer kürzeren Lebensdauer (nach MASAK, 2005, S 11). So ist nach MASAK (2005, S. 11) die Lebensdauer großer Buchhaltungssysteme von Mitte der 70er Jahre bis ca. 2005 von 10 bis 15 Jahren auf 5 Jahre geschrumpft. Hieraus lässt sich schlussfolgern, dass die aktuellen Systeme in naher Zukunft durch moderne neue ersetzt werden. Alte Applikationen cloudfähig zu gestalten rentiert sich nicht (nach FREIMARK, 2012, Programme Cloud-fähig machen ist immens aufwändig). Bei diesen wird, auf Grund des Hypes um das Thema Cloud Commputing, die Cloudfähigkeit bei der Implementierung beachtet werden, sofern die Applikation nicht sogar direkt für die Cloud geschrieben wird.

Es lässt sich also in Bezug auf die Kernfrage „Welche der internen IT-Applikationen eines Unternehmens sind cloudfähig?" sagen, dass die Cloudfähigkeit einer Applikation in erster Linie von ihrem Alter und der damit verbundenen historischen Komplexität abhängt. Aus dem Alter einer Applikation lässt sich ein Rückschluss auf die Skalierbarkeit der Applikation ziehen. Je älter eine Applikation ist, desto unwahrscheinlicher wurde sie skalierbar implementiert. Wie bereits aufgeführt wurden moderne Applikationen wie Office365 für die Cloud implementiert. Bei diesen neuesten Softwareprodukten wurde die Skalierbarkeit von Anfang an betrachtet und bei der Entwicklung als Ziel mit einbezogen. Anwendungen, die nicht mit dem Ziel entwickelt wurden, sie in die Cloud zu bringen, werden also aller Voraussicht nach nicht cloudfähig sein. Es müssen gewisse Änderungen an der Skalierbarkeit oder der Architektur der Anwendung vorgenommen werden, um sie cloudfähig zu machen.

Der letzte Punkt, der also noch zu prüfen bleibt ist der, der sensiblen Daten. Hier gilt es darauf zu achten, dass die in Kapitel 3.1.1 beschriebenen Vorgaben, trotz einer Verschiebung in die Cloud, eingehalten oder dem Prinzip der Cloud angepasst werden.

4 ZUSAMMENFASSUNG UND AUSBLICK

4.1 ZUSAMMENFASSUNG

Zusammenfassend lässt sich festhalten, dass sowohl eine Definition der Anforderungen an Software, damit diese cloudfähig ist, ohne Probleme zu stellen ist. Eine generalisierte Aussage darüber, welche Applikationen im Rahmen ihre Typus aber cloudfähig sind, ist nicht zu treffen, da es innerhalb der Typen, zu gravierende Unterschiede in Komplexität, Alter und vielem mehr gibt, die alle in den Aspekt der Cloudfähigkeit mit einspielen. Es ist nicht möglich zu sagen, ob bspw. ERP-Systeme oder Bürosoftware sicher und skalierbar sind, ein geeignetes IdM besitzen oder mit wechselnden Datenbankverbindungen arbeiten können. Diese Aussage muss individuell nach genauerer Untersuchung der einzelnen Softwareprogramme pro Applikation getroffen werden. Generell lässt sich aber festhalten, dass jede Applikation, die nicht für die Cloud geschaffen wurde ad hoc cloudfähig ist. Es müssen immer gewisse Änderungen, Erweiterungen durchgeführt werden, um diese Applikation cloudfähig zu machen. Dennoch ist es möglich, schon vorab, ohne eine Applikation genau untersucht zu haben, eine sehr genaue Aussage zu treffen, wie aufwändig es ist, diese Applikation cloudfähig zu gestalten. Es gibt einen proportionalen Zusammenhang zwischen Alter, Komplexität, Schnittstellen und erwarteter Zugriffe auf eine Applikation und dem Prozess, diese cloudfähig zu machen. Der rechtliche Aspekt, Daten auf Grund gesetzlicher oder vertraglicher Vorgaben, nicht in eine Cloud zu verschieben muss ebenfalls individuell auf die einzelne Software geprüft werden und ggf. abgeändert werden.

4.2 AUSBLICK

Die Tatsache, dass die durchschnittliche Lebensdauer einer Unternehmensapplikation immer weiter abnimmt, lässt darauf schließen, dass in naher Zukunft auch die nicht cloudfähigen Applikationen überholt werden. Der Hype Cloud Commputing wir dafür sorgen, dass bei der Implementierung neuer Applikationen auf deren Cloudfähigkeit geachtet wird, sofern sie nicht sogar direkt für die Cloud geschaffen werden. Applikationen, die auf Grund ihrer komplexen historischen Erweiterungen oder ihren

Alters nicht cloudfähig sind, werden durch neue Applikationen ersetzt, da dies günstiger und effizienter ist als alte komplexe Software cloudfähig zu machen.

LITERATURVERZEICHNIS

BALAS, Valentina Emilia / FODOR, Janos / VARKONYI-KOCZY, Annamaria (2013):
New Concepts and Applications in Soft Computing
Band 417: *Studies in Computational Intelligence*
Heidelberg: Springer Verlag, 2013

BSI (Hrsg.) (o.D.):
Cloud Computing Grundlagen.
https://www.bsi.bund.de/DE/Themen/DigitaleGesellschaft/CloudComputing/Grundla gen/Grundlagen_node.html (06.06.2016 16:33)

BÜST, Rene (2015):
Microservice: Cloud- und IoT-Applikationen zwingen den CIO zu neuartigen Architekturkonzepten.
30.04.2015
https://www.crisp-research.com/microservice-cloud-und-iot-applikationen-zwingen-den-cio-zu-neuartigen-architekturkonzepten/ (20.06.2016 13:30)

CAPONE, Michael (2014):
5 Methoden, um Anwendungen in die Cloud zu bringen.
https://www.de.capgemini.com/blog/it-trends-blog/2014/05/5-methoden-um-anwendungen-in-die-cloud-zu-bringen (15.06.2016 21:37)

Capgemini (Hrsg.) (2016):
Motive für den Aufbau der eigenen Cloud verändern sich.
http://mc.capgemini.de/magazin/it-trends/sourcing-cloud-services-3/ (15.06.2016 21:17)

DEUSSEN, Peter H. / STRICK, Linda / PETERS, Johannes (2010):
Cloud Computing für die öffentliche Verwaltung - ISPRAT-Studie November 2010
29.11.2010
http://www.cloud.fraunhofer.de/content/dam/allianzcloud/de/documents/ISPRAT_cl oud_studievorabversion20101129tcm421-76759.pdf (14.06.2016 11:54)

Dropbox (Hrsg.) (o. D.):
Funktionsweise von Dropbox
https://www.dropbox.com/news/company-info (14.06.2015 22:16)

FOWLER, Geoffrey A. / WORTHEN, Ben (2009):
The Internet Industry Is on a Cloud -- Whatever That May Mean.
in: The Wall Street Journal
o.O: 26.03.2009
http://www.wsj.com/articles/SB123802623665542725# (16.06.2016 14:52)

FREIMARK, Alexander (2012):
90 Prozent aus der Cloud? Eher nicht.
in: CIO
o.O: 06.12.2012

http://www.cio.de/a/90-prozent-aus-der-cloud-eher-nicht,2900249,2 (15.06.2016 21:19)

GRAHAM, Deryn / MANIKAS, Ioannis / FOLINAS, Dimitris (2013):
E-Logistics and E-Supply Chain Management: Applications for Evolving Business.
o.O.: IGI Global, 2013

HEISEN, Manfred (2011):
Identity Management in der Cloud.
in: Computerwoche
o.O.: 08.08.2011
http://www.computerwoche.de/a/identity-management-in-der-cloud,2490576 (01.06.2016 16:52)

ITWissen (Hrsg.) (2016):
Anwendungsprogramm.
2016
http://www.itwissen.info/definition/lexikon/Anwendungsprogramm-application-program.html (13.06.2016 12:16)

KROLL, Bianca (2010):
Standortfaktoren und Standorterfolg im Electronic Retailing.
Wiesbaden: GWV Fachverlage, 2010

MAHOUD, Qusay (2004):
Middleware for Communications.
Chichester: John Wiley & Sons Ltd., 2004

MASAK, Dieter (2005):
Moderne Enterprise Architekturen.
Berlin, Heidelberg: Springer-Verlag, 2005

MELL, Peter / GRANCE, Timothy (2011):
The NIST Definition of Cloud Computing.
Gaithersburg: U.S. Department of Commerce, 2011

Microsoft (Hrsg.) (2016):
Holen Sie sich das sicherste Office aller Zeiten für Ihr Unternehmen.
https://products.office.com/de-de/business/get-latest-office-365-for-your-business-with-2016?omkt=de-DE&WT.mc_id=PS_Google_O365SMB_office365&WT.srch=1&omkt=de-DE&WT.mc_id=PS_Google_O365SMB_office365&WT.srch=1 (16.06.2016 14:59)

NIEMANN, Frank (2007):
2007: Im Markt für ERP-, CRM- und SCM-Lösungen ist der Mittelstand der Antreiber
in: Computerwoche
o.O.: 28.09.2007
http://www.computerwoche.de/a/2007-im-markt-fuer-erp-crm-und-scm-loesungen-ist-der-mittelstand-der-antreiber,546025 (07.06.2016 10:04)

RICHTER, V. (2004):
Grundlagen der Betriebssysteme.
Leipzig: Hanser, 2004

RIEHM, Rainer / ÖSTERLE, Hubert / VOGLER, Petra (Hrsg.) (1996):
Middleware: Grundlagen, Produkte und Anwendungsbeispiele für die Integration heterogener Welten.
Braunschweig/Wiesbaden: Friedr. Vieweg & Sohn Verlagsgesellschaft mbH, 1996

Statista (Hrsg.) (2015a):
Nutzung von Cloud Computing in Unternehmen in Deutschland in den Jahren 2011 bis 2014.
2015
http://de.statista.com/statistik/daten/studie/177484/umfrage/einsatz-von-cloud-computing-in-deutschen-unternehmen-2011/ (27.05.2015 15:31)

Statista (Hrsg.) (2015b):
Nutzung von Cloud Computing in Unternehmen in Deutschland im Jahr 2014 nach Unternehmensgröße.
2015
http://de.statista.com/statistik/daten/studie/305563/umfrage/einsatz-von-cloud-computing-in-deutschen-unternehmen-nach-groesse/ (27.05.2015 15:29)

Statista (Hrsg.) (2016):
Verbreitung von Office-Software bei Internetnutzern in Deutschland im Januar 2010.
2016
http://de.statista.com/statistik/daten/studie/77226/umfrage/internetnutzer---verbreitung-von-office-software-in-deutschland/ (07.06.2016)

STRECKER, Michael (2010):
Potential von Single Sign-On bei Webapplikationen – Eine Analyse anhand Java-basierter Lösungen
o.O.: GRIN Verlag, 2010

BEI GRIN MACHT SICH IHR WISSEN BEZAHLT

- Wir veröffentlichen Ihre Hausarbeit, Bachelor- und Masterarbeit

- Ihr eigenes eBook und Buch - weltweit in allen wichtigen Shops

- Verdienen Sie an jedem Verkauf

Jetzt bei www.GRIN.com hochladen und kostenlos publizieren